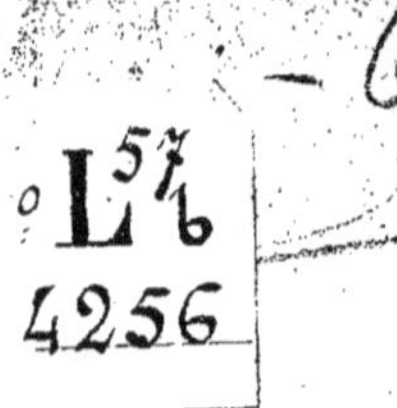

F. HANIET

Paysan

à ses Pairs

et à son Député

COMPIÈGNE

IMPRIMERIE HENRY LEFEBVRE

31, Rue de Solferino, 31

1906

F. HANIET

Un Paysan à ses Pairs et à son Député

COMPIÈGNE
IMPRIMERIE HENRY LEFEBVRE
31, Rue de Solferino, 31
1906

Un paysan à ses Pairs

ET À SON DÉPUTÉ

Après la campagne de presse que nous subissons de la part de certains journaux depuis les Elections Législative de 1902, campagne où, pour les besoins d'une cause en désarroi, tout a été déformé, dénaturé et travesti à plaisir, il semble qu'il est nécessaire, au début de cette nouvelle législature de 1906, de reprendre contact avec la réalité et de se retremper l'esprit dans la vérité des choses.

A ce titre, un paysan, sans autre prétention que celle de servir les intérêts de ses pairs, sans autre souci que celui de la justice et de l'équité, vient faire appel aux colonnes toujours hospitalières de *La Dépêche de l'Oise* pour essayer d'y remettre les choses au point, et voir si réellement les travailleurs de la terre n'ont pas mieux à faire que de s'intéresser à cette littérature picaresque dont on les accable depuis si longtemps.

Aussi bien ces polémiques de presse, où les personnalités passent avant les principes et les intérêts, sont vaines et stériles, n'aboutissent à rien, et tournent le plus souvent — le *Progrès de l'Oise* en sait quelque chose — à la confusion de ceux qui les provoquent et les entretiennent. Il y a donc lieu d'en finir et de passer à des discussions plus sérieuses et surtout plus utiles. *Paulo majora canamus*, disait le poète latin. Répétons-le avec lui.

On s'expliquerait ces corps à corps littéraires si nous étions des satisfaits, si nous n'avions plus rien à désirer, rien à demander ; on ne les comprend plus lorsqu'on voit tous les abus dont nous sommes encore les victimes, lorsqu'on pense à toutes les réformes qui sollicitent dans une bien autre direction et dans un but bien autrement utile, nos préoccupations et notre activité.

Hélas, cette terre si parcimonieuse dans les profits qu'elle donne, et si fertile dans les déceptions qu'elle entraîne, est toujours celle qu'on taille à merci !

Certes, nous ne sommes plus les vilains d'autrefois, et, depuis 1789, de grandes réformes ont amélioré la situation dont nos pères ont tant souffert. Mais que nous sommes encore loin de ce régime d'équité et de justice que nous a fait entrevoir la Révolution Française lorsque, dans sa fameuse Déclaration des Droits de l'Homme, elle proclamait que « si, pour l'entretien de la Force Publique et pour les Dépenses administratives, une contribution commune était indispensable, *elle devait être également répartie entre tous les citoyens en raison de leurs facultés !* » Que nous sommes encore loin de la terre promise ! La terre est encore et toujours la grande sacrifiée, et Jacques Bonhomme vit toujours, celui-là à qui l'on fait si difficilement sa véritable place au soleil ; celui-là qu'on trouve toujours lorsqu'il s'agit de lui faire rendre gorge ; celui-là qu'on oublie si facilement lorsqu'il s'agit simplement de lui rendre la justice qui lui est due.

Quels sont donc ces abus qui, aujourd'hui encore et malgré les grands principes posés par la Révolution, continuent à peser sur la terre ? Voilà quel devrait être le seul objectif de nos discussions. Voilà quel sera le sujet de cette lettre.

Il importe que chacun sache que si les paysans se plaignent, ce n'est pas par la force de l'habitude, mais bien parce qu'ils sont véritablement opprimés par des charges injustes et trop lourdes.

Il est intéressant enfin de rappeler à nos Sénateurs et Députés, au lendemain de leur élection et à l'ouverture de la législature nouvelle, ce qu'attendent de leur initiative et de leur dévouement ceux qui leur ont donné leur confiance.

Sur l'Impôt Foncier

A tout seigneur tout honneur; il convient de parler d'abord de l'impôt foncier.

Au dire de nos Économistes les plus compétents, depuis la loi du 8 août 1890 qui a transformé la contribution des propriétés bâties en un impôt de quotité et dégrevé le contingent de la propriété non bâtie de 15 millions, l'impôt foncier qui frappe actuellement la terre aurait été ramené, pour la part revenant à l'Etat, au taux moyen de 5 0/0 environ du revenu.

En effet, si l'on envisage que d'une part, d'après les renseignements émanant de la Commission de l'Impôt sur le Revenu elle-même, le revenu annuel de la terre serait en France de 2 milliards, et que, d'autre part, on prenne pour exemple le Budget de 1905 où la contribution foncière mise à la charge de la propriété non bâtie s'est élevée (pour l'Etat seulement) à 105.035.259 fr., il en résulte bien que l'Etat ne prélève environ, pour cet impôt foncier, que 5 fr. 25 0|0 sur le revenu de la terre.

A comparer cet impôt foncier de 5 fr. 25 0/0 à l'impôt correspondant établi sur le revenu des valeurs mobilières et qui a été fixé à 4 0/0 par les Lois du 30 juin 1872 et du 26 décembre 1890, la surcharge que supporterait la terre ne serait que de 1 fr. 25 0/0.

Mais ce n'est là, malheureusement, qu'une illusion, et un trompe-l'œil.

Cette surcharge de 1 fr. 25 0/0 se trouve singulièrement accrue si l'on considère, comme il y a lieu de le faire :

Que sur les 2 milliards de revenus de la terre, 400 millions sont absorbés par la Dette Hypothécaire qui s'élève à 15 milliards (toujours d'après les renseignements fournis par la Commission de l'Impôt sur le Revenu) et qu'en conséquence ce n'est plus 2 milliards de revenus qui doivent faire face au contingent de 105.035.259 fr.; mais seulement 1 milliard 600 millions.

Que sur les 3.436 millions auxquels on peut évaluer le revenu total de la Richesse Mobilière en France, 1.676 millions seulement — suivant renseignements toujours pris à la même source officielle — supportent l'impôt de 4 0/0, tandis que les 1.760 millions de surplus provenant de Rentes Françaises et de Rentes et Valeurs Etrangères ne paient absolument rien de cet impôt.

Et enfin que cette Richesse Mobilière échappe entièrement aux centimes additionnels des Impositions Départementales et Communales qui s'élèvent en moyenne à près d'une fois et demie le contingent de l'impôt prélevé par l'Etat sur la terre, et qui se sont élevées, par exemple, en prenant toujours les chiffres du Budget de 1905, à 141 millions environ contre 105 millions seulement prélevés par l'Etat.

En réalité, calculs faits sur ces données, la terre, comme impôt foncier paie plus de 15 0/0 de son revenu, tandis que les valeurs mobilières, pour l'impôt correspondant, ne supportent même pas 2 0/0.

Si le revenu de la propriété immobilière non bâtie, réduit à 1.600 millions par suite du passif hypothécaire, supporte le contingent de l'Etat s'élevant à 105 millions, plus les centimes additionnels départementaux et communaux s'élevant à 141 millions, soit au total un impôt foncier de 246 millions, la terre supporte effectivement, comme impôt foncier, plus de 15 0/0 de son revenu.

Et si les 3.436 millions auxquels s'élève le revenu de la Richesse Mobilière en France ne supportent, comme impôt, que 4 0/0 sur 1.676 millions, la propriété mobilière ne paie même pas effectivement 2 0/0 de son revenu.

Aussi bien cet impôt sur la terre est aussi injustement assis qu'exagérément onéreux.

Il est, en effet, souverainement inique :

Qu'un contribuable possédant un immeuble valant par exemple 20.000 francs, mais 20.000 fr. qu'il doit, supporte le même impôt que cet autre qui possède un immeuble de même valeur, mais sur lequel il ne doit rien.

Que tel contribuable, parce qu'il possède des immeubles, même des immeubles dont il doit la valeur, et qui par conséquent, ne possède rien, paie des impôts et même des impôts élevés, tandis que tel autre qui ne possède que des obligations de chemin de fer, paie des impôts moindres, et que tel autre qui ne possède que des Rentes sur l'Etat ne paie absolument rien.

Enfin, que le détenteur de valeurs mobilières ne participe pas aux charges départementales et communales, aussi bien que le propriétaire foncier.

Et ce n'est pas tout. Si encore cet impôt foncier était bien réparti !

Chacun sait que pour la répartition de l'impôt foncier, les évaluations des matrices cadastrales ne servent de base qu'au dernier degré de cette répartition, soit seulement à la répartition du contingent communal entre les contribuables.

Or, la répartition entre les Départements, les Arrondissements et les Communes, de l'impôt foncier voté chaque année par la Loi de Finances se fait sur des évaluations dont le point de départ remonte à une Loi du 15 mars 1818 et à une autre Loi du 31 juillet 1821.

Malgré les modifications successives qu'on a apportées depuis cette époque à ces évaluations, en raison des changements survenus dans la nature des propriétés imposées, il est facile de concevoir que ces évaluations ne peuvent plus être aujourd'hui l'expression de la vérité.

Ces évaluations ont déjà été faites originairement sur des bases imparfaites et dans tous les cas sur des bases qui furent loin d'être uniformes, puisque pour les communes où le cadastre était alors achevé on s'est appuyé sur ce cadastre, et que pour les autres communes où les opérations cadastrales n'étaient pas terminées, ni même commencées, — (les opérations cadastrales dans toute la France commencées en 1818 n'ont été terminées qu'en 1851) — on a dû s'étayer sur des renseignements pris un peu à l'aventure. Si ces évaluations n'ont pas été justes dès le début, combien moins justes doivent-elles être encore aujourd'hui après les déformations successives qu'elles ont subies depuis 1818 et 1821 !

C'est ainsi que certains départements, certains arrondissements, certaines communes, paient plus ou moins que le contingent qui, en équité, devrait leur incomber, et au dire des économistes les mieux documentés, paient, à valeur égale de terrain, jusqu'à 8 0/0 de leurs revenus, tandis que d'autres ne paient que 1 0/0. L'écart, comme on le voit, n'est pas sans importance.

Tant mieux, pourrait-on dire, pour ceux qui paient moins, et tant pis pour ceux qui paient plus ; mais malheureusement, le département de l'Oise se trouve parmi ceux qui paient le plus. Il est à craindre que si le département de l'Oise occupe le 9° rang parmi les départements qui supportent, par hectares cultivés, le plus fort contingent foncier, nous devions en grande partie ce rang, d'un privilège à rebours, à une évaluation exagérée qui aura été faite autrefois de notre revenu foncier, comme à une évaluation trop basse qui aura été faite pour d'autres départements.

D'autres critiques seraient encore à faire sur cet impôt foncier, mais il y a lieu de s'en tenir aux plus importantes, qui viennent d'être exposées, pour ne pas dépasser ici le cadre qui convient à une simple lettre.

Sur les Transmissions d'Immeubles. — Droits d'Enregistrement.

« De tous les impôts qui accablent l'Agriculture, il faut bien le dire, le plus lourd, le plus écrasant, bien qu'il ne soit pas le plus élevé, le moins justifiable parce qu'il est le plus anti-économique, c'est certainement l'impôt de transmission avec son cortège de formalités de toutes sortes. »

Ainsi s'exprime M. Méline, dans *Le Retour à la Terre*, et malheureusement il n'a que trop raison.

Les Droits d'Enregistrement et autres perçus par l'Etat sur les ventes d'immeubles s'élèvent au taux de 7 0/0 sur le prix.

Ceux perçus sur les ventes de valeurs mobilières s'élèvent seulement :

A 0 fr. 50 0/0 pour les valeurs nominatives.

Et pour les valeurs au porteur, à 0 fr. 20 0/0 retenus sur le montant des coupons à leur échéance.

Et encore, sont affranchies de tous droits de transmissions les Rentes sur l'Etat Français.

Comme on le voit, nos législateurs ont encore fait la part belle à la propriété mobilière.

Il est vrai que dans le projet de Budget pour 1907 il est question d'élever de 0 fr. 20 à 0 fr. 25 0/0 le droit de transmission sur les valeurs mobilières au porteur. Mais ce ne sera pas encore cette surimposition, à laquelle ne correspond pas une diminution sur la propriété immobilière, qui corrigera dans une proportion sensible le défaut d'équilibre existant entre les deux natures de propriétés.

Nos législateurs ne veulent pas, dit-on, frapper la transmission des valeurs de Bourse, d'un impôt plus élevé dans la crainte de nuire au Crédit Public, au Crédit de la France !

Mais n'est-ce pas là reconnaître qu'en imposant davantage et exagérément la transmission des immeubles, on nuit encore dans une proportion bien plus grande au crédit de la propriété immobilière, cet autre crédit de la France, ce crédit d'une importance bien autrement immédiate, puisqu'il représente le territoire même de la France, la France elle-même.

Il ressort trop clairement de ce fâcheux état de choses qu'au lieu de venir en aide aux paysans, en leur facilitant l'acquisition de cette terre, de ce champ qui leur est nécessaire pour vivre et qui est pour ainsi dire leur seul instrument de travail, puisqu'ils ne peuvent en choisir d'autre qu'en désertant leur village, notre législation favorise plutôt les spéculateurs, ces financiers parasites qui ne vivent que sur le travail et l'argent des autres, puisqu'il est établi que sur vingt opérations de Bourse il en est à peine une seule qui soit sérieuse et réelle, et que les dix-neuf autres ne sont que jeux de bourse.

On écrase le travail, ce grand moralisateur, pour alléger et faciliter la spéculation, le jeu d'argent, ce démoralisateur par excellence.

La spéculation, dit-on encore, est un mal nécessaire ; c'est la spéculation qui soutient le cours des valeurs de Bourse, qui en assure la fixité dans l'intérêt de la richesse publique.

Certainement il y a une part de vérité dans ce raisonnement, mais il ne faut pas s'en exagérer la portée. Pour secourir l'un il ne s'agit pas de sacrifier l'autre ; sous prétexte de sauver la propriété mobilière, tuer la propriété immobilière. Ce qu'il faut, c'est trouver une moyenne juste et équitable qui permette à l'une et à l'autre de vivre.

Aussi bien, ce serait bien mal connaître le caractère humain que de croire qu'une légère entrave, un impôt quelconque empêchera jamais un spéculateur de spéculer. Le joueur, quelqu'obstacle que vous apportiez à l'exercice de sa passion, jouera toujours et demeurera obstinément joueur.

Il n'y a donc rien à craindre de l'influence que pourrait avoir sur la fortune publique l'établissement d'un impôt plus élevé sur la transmission des valeurs mobilières.

Si les valeurs au porteur, sur lesquelles l'impôt serait plus difficile à percevoir, devaient être un obstacle, qu'on fasse comme en Angleterre, où presque toutes les valeurs sont obligatoirement nominatives. Qu'on les convertisse en valeurs nominatives, sauf, pour cette première conversion, à ne pas exiger le droit de transmission.

Si l'on considère que la spéculation met, chaque année, en mouvement plus que l'importance de toute la richesse mobilière en France, soit plus de 150 milliards, on voit qu'avec une faible surimposition de 1 0/0 seulement, on arriverait déjà à un beau chiffre qui permettrait, et sans contre-coup, de dégrever dans une bien autre proportion la transmission de la propriété immobilière, et, par suite, en activerait singulièrement la circulation dans l'intérêt de tous, des paysans et autres, comme de l'Etat lui-même.

Et il est à présumer d'ailleurs qu'en dégrevant dans une certaine proportion les transmissions immobilières, l'Etat ferait plus que récupérer sur la quantité des transmissions, qui deviendraient conséquemment plus nombreuses, ce qu'il perdrait sur chaque transmission en particulier.

« Un peu moins d'impôts sur les champs et un peu plus sous la coupole de la Bourse, disait très judicieusement certain économiste, l'Etat y gagnera et la morale aussi. »

Aveugles qu'ils ont été, ou indifférents comme ils le sont trop souvent aux choses de la terre, nos législateurs n'ont pas pris garde qu'en enrayant la circulation de la terre par un impôt exagéré, ils la mettaient en défaveur, qu'ils en diminuaient la valeur et qu'ils frappaient ainsi au cœur la source première de toutes les richesses, la richesse même de la France, comme s'il était d'un bon père de famille de s'appauvrir lui-même par ses propres moyens. Il n'est que temps que la raison d'accord avec l'intérêt général fasse bonne justice d'un pareil contre-sens.

Et lorsque nous parlons de 7 0/0 de droits à payer sur les transmissions d'immeubles, nous n'envisageons encore que les transmissions amiables. C'est encore bien autre chose lorsqu'il s'agit de ventes judiciaires. Ce n'est plus du 7 0/0, mais du 15, du 20, du 40 0/0, et même davantage dans les ventes de peu d'importance, que paiera un acquéreur sur licitation judiciaire, en raison des nombreuses formalités, en partie inutiles, par lesquelles il sera obligé de passer et dont nous parlerons plus loin.

Le Ministre de la Justice lui-même, dans son rapport sur la Justice Civile en France, qui a paru au *Journal Officiel* du 2 avril 1905, et auquel on pourra se reporter, en arrive aux chiffres de 70 0/0 pour les ventes de 500 francs et au-dessous, et de 34 0/0 pour les ventes de 1.000 francs et au-dessous. Et encore, dans ce tant pour cent, ne se trouvent compris que les frais qu'on appelle les frais préliminaires, les frais faits pour parvenir à l'adjudication. Pour avoir le chiffre total, il faudrait y ajouter le droit de transmission de 7 0/0 fixé par la loi du 22 Avril 1905.

Il est vrai que cette loi du 22 Avril 1905 a affranchi du droit de timbre les cahiers de charges dont les frais sont compris dans les 70 0/0 et 34 0/0 ci-dessus, mais cette diminution ne peut avoir qu'une influence de peu d'importance sur ces derniers chiffres.

Il est regrettable de l'avouer, mais il faut pourtant le dire. Alors qu'en France la transmission d'un immeuble coûte au minimum 8 0/0, dont 7 0/0 pour l'Etat, et 1 0/0 pour les intermédiaires, en Allemagne ces frais ne s'élèvent qu'à 1.50 0/0 !

Aussi en résulte-t-il qu'en Allemagne les propriétés se transmettent de cinq à six fois en l'espace de quelques années, en un laps de temps relativement court, tandis qu'en France les transactions immobilières se ralentissent chaque année de plus en plus, paralysées qu'elles sont par les charges fiscales qui pèsent sur elles.

Que de pertes, aussi bien pour l'Etat que pour la Richesse Publique, n'entraîne pas cette entrave apportée, en France, à la circulation des immeubles par des charges exagérément lourdes ?

Celui-ci a des capitaux ne lui produisant qu'un faible intérêt et qu'il emploierait volontiers à l'acquisition d'un champ, d'un marché de terre, pour en retirer un plus grand profit par son travail.

Celui-là a un champ, un marché de terre dont il ne retire qu'un produit relatif et qu'il vendrait volontiers pour en employer le prix dans une industrie ou un commerce plus lucratifs.

L'un et l'autre s'abstiennent d'acheter et de vendre, arrêtés, effrayés par la perspective des charges fiscales qu'ils auraient à supporter. Celui-ci n'achète pas dans la crainte d'être obligé de vendre et de perdre la bonne somme qu'il aura payée pour ses frais ; celui-là ne vend pas dans l'idée qu'il perdrait sans retour ces mêmes frais qu'il a déboursés.

Les profits que tous deux escomptaient, celui-ci d'un achat, celui-là d'une vente, sont perdus pour l'un et pour l'autre, pour la Fortune Publique elle-même qui se serait accrue de ce double profit, et enfin pour l'Etat qui, pour avoir voulu trop prendre, perd l'occasion de percevoir et n'encaisse rien.

Cette législation inconséquente est faite pour surprendre : elle étonne même les financiers qui en profitent.

Voici ce qu'on pouvait lire dernièrement dans une Chronique Financière du journal *Le Temps*, au sujet de ces droits pour ainsi dire prohibitifs à l'égard des transmissions immobilières :

« On ne conçoit pas que nos législateurs aient jusqu'à présent laissé la propriété dans cet état d'infériorité au point de vue de la transmission.

« *Comment se peut-il que la population agricole si nombreuse, les petits pro-*

*priétaires de biens ruraux qui sont lé-
gion, n'aient pas encore obtenu de leurs
représentants à la Chambre la suppres-
sion de cet obstacle à la circulation des
biens immobiliers ?*

« De la facilité des échanges résul-
teraient un accroissement de la Richesse Publique, et du bien-être pour
les populations rurales.

« Le courant qui porte les ouvriers
des campagnes vers les centres urbains
serait moins vif, s'arrêterait même.

« Qu'on ne perde jamais de vue que
de la prospérité de la propriété agricole et urbaine en France dépend la
prospérité de toutes les industries d'un
pays.

« Il convient de se préoccuper des
allègements de charges, créateurs de
richesse nouvelle, et l'abaissement
des droits de mutation sur la propriété immobilière serait véritablement un dégrèvement productif. »

Il faut que cet abus fiscal, qui en-
raie les transmissions immobilières,
soit bien criant pour que les Financiers, que la propriété mobilière seule
intéresse, se récrient eux-mêmes contre une injustice dont ils ne souffrent
pas et dont ils bénéficient même jusqu'à un certain point !

Formalisme exagéré

Et ces charges fiscales, contre lesquelles protestent même ceux qui n'en
sont pas atteints, ne sont pas les seules
pour entraver la circulation de la
terre. Il y a encore ces charges qui ne
se traduisent pas par des chiffres mais
qui n'en pèsent pas d'un poids moins
lourd sur la propriété rurale ; il y a
ces formalités de procédure, longues,
compliquées, et en grande partie inutiles, que nos lois imposent à la transmission des immeubles.

Il semble que la propriété immobilière étant déjà par essence d'une
transmission plus difficile que la propriété mobilière, nos législateurs devaient chercher à rétablir l'équilibre

entre ces deux natures de propriétés.
Bien au contraire, nos législateurs
ont aggravé l'œuvre de la nature elle-
même. Il ne leur a pas suffi de surim-
mobiliser la terre par un impôt de
transmission exagéré, il leur a fallu
encore paralyser ses mouvements par
ce cortège de formalités dont parle M.
Méline.

Autant il est facile et rapide de né-
gocier une valeur mobilière, autant il
est long et difficile d'acheter ou vendre
le moindre lopin de terre. Quelques
jours et le plus souvent quelques ins-
tants seulement, le temps matérielle-
ment nécessaire pour une simple tra-
dition suffiront pour la transmission
d'un bien mobilier. Il faudra, au contraire, pour la transmission d'un immeuble, si peu important qu'il soit,
passer par toute une série de formalités, et quelle que soit l'urgence qui
vous talonne, attendre des semaines,
des mois, voire même des années, s'il
s'agit de certaines ventes judiciaires.

Notre intention n'est pas d'entrer
ici dans le détail technique de ces formalités. Ce travail nous entraînerait
trop loin et pourrait devenir d'une lec-
ture fastidieuse.

Il nous suffira de rappeler sommai-
rement — ce que chacun sait — qu'il
y aurait beaucoup à élaguer dans les
formalités accessoires et consécutives
des transmissions immobilières, telles
que la purge des hypothèques, la procédure des ventes judiciaires, les procédures d'expropriation forcée, de su-
renchère, de délaissement, d'ordre,
etc...

Pour ne parler que des procédures
les plus abusives, pourquoi ces ventes
sous forme judiciaire ? Pourquoi ces
ventes devant un tribunal avec cet ac-
compagnement de formalités, en grande
partie superflues et inutiles, qui, sous
prétexte de sauvegarder les intérêts
d'incapables et autres, commencent
par les frustrer d'abord de frais énor-
mes ? Pourquoi ne pas simplement
faire entrer ces ventes dans les attri-
butions des notaires, qui les feraient

à bien moindres frais, aussi par adjudication publique, et avec le même souci des intérêts de leurs clients que celui qu'ils apportent déjà dans les ventes amiables dont ils sont journellement chargés ? Tout au plus, et simplement pour que la Justice ne perde pas entièrement ses droits, serait-il nécessaire de faire intervenir le Juge de Paix dans ces ventes.

Ce serait, en somme, la procédure pratiquée déjà depuis longtemps en Belgique. Nos voisins, qui ont appliqué notre législation pendant quelques années, se sont empressés d'y déroger lorsqu'ils ont été séparés de nous, dès 1816 ! Nous sommes donc bien en retard, si nous nous comparons à eux !

Pour les procédures de surenchères, pourquoi aussi ne pas adopter cette même législation belge qui est si simple dans ses formalités et qui en même temps est si rapide et si avantageuse pour les vendeurs comme pour les acheteurs ?

Et cette procédure de l'expropriation forcée, en est-il une dont les formalités soient plus iniquement exagérées ?

N'est-il pas scandaleux qu'on puisse exploiter la misère sous le couvert de la Loi ?

Il n'y aurait pas seulement un copieux élagage à faire dans cette procédure, il y aurait aussi et surtout à défendre les malheureux débiteurs contre cette procédure spoliatrice par excellence. Il faudrait faire revivre dans notre législation cette ancienne *clause de voie parée*, qui était préconisée autrefois par nos plus grands jurisconsultes, par la Cour de Cassation elle-même, et qu'une loi maladroite de 1841, par suite d'une erreur et d'un malentendu, a si fàcheusement abolie.

Que par cette clause de voie parée, créanciers et débiteurs s'entendent à l'avance sur leur mode de règlement ; qu'un débiteur donne pouvoir à son créancier, s'il ne paie pas à l'échéance, de vendre l'immeuble qu'il lui aura donné en garantie, après une mise en demeure, après un certain délai, après

une certaine publicité, sous certaines
formes, etc... Quoi de moins contraire
à l'ordre public? Quoi de plus conforme
à la saine morale? Et aussi quoi de
plus simple pour éviter au débiteur
malheureux les frais d'une expropriation forcée qui le plus souvent para-
chèvent sa ruine ?

Enfin que de formalités onéreuses et
entraînant des longueurs inutiles dans
les procédures d'ordre ! Il est constant
qu'avec toutes ces formalités la distribution d'un prix d'immeuble de 1.000
francs peut entraîner 1.000 francs de
frais et davantage, et durer des
années.

Certes, ces formalités qui entraînent
tant de frais et tant de lenteurs dans
les transactions immobilières ne représentent pas de l'argent et du temps
perdus pour tout le monde, et certains
fonctionnaires, assurément dignes du
plus grand intérêt, y trouvent leur
compte, et en cela la juste rémunéra-
tion d'un travail qu'ils fournissent
réellement. Mais pour quinze à vingt
fonctionnaires que comporte, par
exemple, une population de 100.000
âmes, il n'est pas admissible que ces
formalités, si elles sont en partie inutiles, soient maintenues dans leur in-
tégralité, pour le simple profit de quinze
à vingt officiers publics au détriment
de 100.000 contribuables.

On conçoit que si, en réduisant ces
formalités on devait porter atteinte
aux produits que ces fonctionnaires
sont en droit d'attendre d'offices par
eux acquis de leurs deniers et avec
l'investiture de l'Etat, il y aurait lieu
de leur allouer une juste et préalable
indemnité. Mais alors qu'on leur alloue
cette indemnité, et qu'on en finisse
une bonne fois avec ces formalités qui
ne se justifient en grande partie que
par ces fonctionnaires.

Nous parlions plus haut de simples
élagages à faire dans ces formalités.
Certes ce serait apporter déjà une
grande amélioration que de réduire
ces formalités, mais il semble que ce
ne serait encore qu'un expédient. A

vouloir donner à une vieille maison
une distribution nouvelle, on n'arrive
qu'à en faire une construction qui ne
tient plus debout. A retoucher une
législation trop ancienne on risque de
n'aboutir qu'à une loi boiteuse, s'ap-
propriant mal à une situation nouvelle,
et ne répondant pas à son but. Mieux
vaudrait une réforme radicale, et re-
fondre en entier notre législation ter-
rienne.

Pour cette réforme encore, nous nous
sommes laissés devancer par d'autres.
Depuis longtemps déjà, en Russie, en
Autriche, dans presque tous les Etats
de l'Allemagne et notamment en Prusse,
en Dalmatie, dans le Grand-Duché de
Bade, dans plusieurs cantons de la
Suisse, en Angleterre et en Irlande
pour une certaine catégorie de propriétaires, en Espagne, en Suède, etc...
existent ces *Livres Fonciers* qui ont réduit le régime hypothécaire à sa plus
grande simplicité, qui ont pour ainsi
dire mobilisé la propriété immobilière.

L'Australie a son fameux *Act Torrens*
qui — écrivait son auteur sir Robert
Torrens à Yves Guyot en 1882 — « a
eu pour résultat de substituer la sécu-
rité à l'incertitude, la simplicité à
la complication, de réduire les livres
sterling en shillings et les mois en
jours ».

En France, cette réforme demeure
toujours à l'état de simple projet,
bien que depuis plus d'un siècle, de
nombreux législateurs l'aient instam-
ment préconisée. Nous avons bien in-
troduit cette législation de l'*Act Torrens* en Tunisie et tout récemment encore, par décret du 24 juillet dernier,
dans nos colonies et territoires de
l'Afrique Occidentale, mais pour nous-
mêmes nous avons toujours le temps
d'y arriver. Il semble que rien ne
presse, cependant que la propriété
immobilière agonise sous le poids de
ces charges et de ce formalisme qu'elle
doit à une législation depuis longtemps
surannée.

Crédit Hypothécaire

Que devient au milieu de ce fatras de charges et de formalisme, le crédit hypothécaire ?

La propriété immobilière se trouve à l'avance dépréciée de l'importance de ces frais, et d'une non moindre valeur encore par ces *impedimenta* qu'elle traîne avec elle et qui, sous le nom de formalités, entravent sa circulation.

Tel propriétaire foncier qui aurait besoin de capitaux pour améliorer sa terre et en retirer un meilleur produit recule devant les frais que lui nécessiterait un emprunt hypothécaire. Tel autre à qui des fonds seraient nécessaires pour une affaire urgente ne pourra emprunter par ce qu'avant de toucher le montant de son emprunt, il aura à subir des délais de formalités et que les fonds ne lui viendraient que lorsque le moment opportun serait passé.

Tel financier, ayant des capitaux à sa disposition, n'osera les aventurer dans un prêt hypothécaire dans la crainte que la valeur de son gage ne soit compromise un jour dans une avalanche de frais résultant d'une expropriation forcée et d'un ordre judiciaire, frais dont il ne peut prévoir à l'avance l'importance en raison d'une foule d'incidents judiciaires qui peuvent les majorer ; dans la crainte de ne pouvoir, à l'échéance de son prêt, rentrer dans ses fonds, malgré le pressant besoin qu'il pourrait en avoir, qu'après avoir subi des retards d'un an, deux ans, etc., nécessités par des formalités sans fin et souvent sans objet sérieux.

Pour les emprunts hypothécaires il faut compter, en France, payer de 2 à 3 0[0 de droits de timbre, d'enregistrement et d'hypothèques, et encore 1 0[0 environ lors du remboursement.

N'est-ce pas encore là exploiter, en même temps que cette propriété immobilière, toujours taillable à merci, la misère elle-même, que d'exiger de pareils droits de ceux qui empruntent hypothécairement, soit parce qu'ils sont dans la gêne, soit par ce qu'ils n'ont que de la terre, et pas d'argent ni valeurs mobilières.

La République de 1848, par une loi du 7 août 1850 avait bien réduit de moitié les droits d'enregistrement des actes d'obligation et de libération, mais malheureusement l'Empire a abrogé cette loi humanitaire par une autre loi du 5 mai 1855 et rétabli les anciens droits qui existent encore aujourd'hui.

En Allemagne, pour un prêt hypothécaire et pour son remboursement, on n'a à supporter aucun frais.

Faudra-t-il donc encore, pour faire mieux en France, prendre exemple sur l'Allemagne ?

Inégalité de traitement entre la propriété immobilière et la propriété mobilière.

Ce qui frappe surtout, lorsqu'on envisage les nombreux abus fiscaux et autres qui pèsent sur la propriété immobilière, abus dont nous venons de mettre en relief seulement les principaux, c'est cette inégalité de traitement qui en ressort au détriment de la propriété immobilière et à l'avantage de la propriété mobilière.

A la propriété mobilière sont réservées toutes les faveurs législatives, à la propriété immobilière toutes les charges.

Et qu'on ne croie pas que ce sont là de vaines déclamations. Nous avons déjà donné quelques chiffres. Ces chiffres sont corroborés par ceux de nos législateurs eux-mêmes.

Si l'on veut se reporter au rapport qui a précédé le buget de l'agriculture de 1905, rapport fait si consciencieusement par M. Klotz, dont chacun se plaît à reconnaître toute la compétence, cette inégalité de traitement entre les deux natures de propriétés, mobilière et immobilière, y est traduite par des chiffres qui confirment bien les nôtres.

Et les chiffres de ce rapport sont d'une vérité bien saisissante, si l'on considère que l'honorable rapporteur a étayé son travail législatif sur des renseignements et des documents à lui fournis par l'Administration elle-même.

Or, à ne relever de ce rapport que ce qui concerne particulièrement la terre, cette terre qui surtout nous intéresse, il en ressort, que, tous comptes faits des impôts, centimes additionnels, et autres taxes fiscales accessoires :

La propriété rurale, c'est-à-dire la terre seule en dehors de la propriété bâtie, supporte annuellement comme charges fiscales 42 fr. 80 0/0 de son revenu.

Et la propriété mobilière seulement 11 fr. 40 0/0.

Ainsi, de deux contribuables :

Celui-ci, dont le patrimoine se compose exclusivement de terres, paie 42 fr. 80 0/0 de son revenu, et ce indépendamment de tous autres impôts auxquels il peut être encore assujetti.

Et celui-là, dont l'avoir consiste uniquement en valeurs mobilières ne paie que 11 fr. 40 0/0.

Et, comme ces chiffres ne représentent qu'une moyenne, il y a encore lieu de remarquer que ce dernier contribuable pourra même ne rien payer du tout si son avoir consiste exclusivement en rentes sur l'Etat, tandis que le propriétaire foncier sera frappé en toute occurence, la propriété immobillère ne comportant pas de biens qui échappent, comme la rente sur l'Etat, à l'impôt.

Individuellement — et toujours d'après le rapport de M. Klötz, — un agriculteur paie en moyenne et par année 47 francs de plus qu'un autre contribuable soit 138 fr. 41 contre 91 fr. 41 que supporte cet autre contribuable.

D'aucuns contestent, il est vrai, les chiffres de M. Klotz, mais on se demande alors où il aurait pu aller chercher la vérité s'il ne devait pas la trouver dans les renseignements et documents officiels qui ont été mis à sa disposition.

Ces contestations n'ont d'ailleurs point été précisées, ni appuyées elles-mêmes par des chiffres. Nous devons donc en conclure qu'elles ne sont pas le résultat de recherches ni d'observations bien sérieuses, et qu'elles sont simplement l'expression d'un doute, bien naturel, à priori, en présence de cette iniquité fiscale que révèle le rapport de M. Klotz, iniquité qui étonne, qui déroute l'esprit, et à laquelle on ne peut que difficilement croire !

M. Klotz, disent-ils, aurait eu le tort, notamment, de faire intervenir dans ses calculs, le facteur des mutations.

Cette seule observation donne bien la mesure de ce que peut valoir leur critique dans son ensemble. Est-ce que pour les mutations immobilières les droits d'enregistrement ne sont pas considérablement plus élevés que pour les mutations mobilières ? Si l'honorable rapporteur avait négligé cet élément de compte, le résultat de son calcul eût été absolument faussé.

Aussi bien, il faudrait admettre que beaucoup d'autres, avant lui, se seraient également trompés. Auraient fait aussi erreur M. de Luçay, vice-président de la Société des Agriculteurs de France, et M. Fouquet, député de l'Eure, qui se sont livrés au même travail, aux mêmes recherches, et sont arrivés presqu'au même résultat !

Au lieu de 42 fr. 80 0/0, MM. de Luçay et Fouquet n'accusent bien que 36 0/0, mais il y a lieu d'observer que s'ils ont eu raison, comme M. Klotz, de faire entrer en ligne de compte les droits d'enregistrement sur les transmissions, ils ont eu le tort de ne pas faire de distinction entre la propriété mobilière et la propriété immobilière, qui supportent ces droits dans des proportions très sensiblement différentes. Il s'ensuit qu'en rectifiant cette erreur, leur chiffre de 36 0/0 arriverait facilement à celui de 42 fr. 80 0/0 de l'honorable Député de Montdidier.

L'examen de ces différents chiffres prouve péremptoirement que celui de 42 fr. 80 0/0 de M. Klotz, s'il n'est pas l'expression absolue de la vérité, doit s'en rapprocher aussi près qu'il est possible en pareille matière, et, dans tous les cas, n'est pas exagéré.

La terre supporte bien 42 fr. 80 0/0 de son revenu, tandis que la propriété mobilière ne supporte que 11 fr. 40 0/0.

Cet état de choses s'expliquait autrefois lorsque la propriété mobilière était sans importance, et lorsque la propriété immobilière constituait, pour ainsi dire, toute la Richesse Publique. Nos législateurs d'antan avaient pu, sans trop d'iniquité, négliger la propriété mobilière et ne demander qu'à la propriété immobilière les ressources dont l'Etat avait besoin. Mais aujourd'hui que la propriété immobilière représente plus que les 3/4 de la fortune totale de la France, et que la propriété immobilière n'en représente à peine que le 1/4, l'iniquité est devenue absolument criante.

Pour être juste, il faut que cette loi qui a négligé autrefois la propriété mobilière, parce qu'elle était presque nulle, tienne compte de ce qu'actuellement le patrimoine de la France n'est plus entre les mains des propriétaires fonciers seuls, et que ces derniers n'en détiennent plus que le 1/4.

Il faut que cette loi ne laisse plus toutes les charges de l'Etat peser presqu'entièrement sur les immeubles, et qu'elle les répartisse, au contraire, entre la Richesse Mobilière et la Richesse Immobilière, suivant leur importance respective, soit approximativement dans la proportion d'1/4 à la charge de la propriété immobilière, et de 3/4 à la charge de la propriété mobilière.

Conclusion

De tout cela, il résulte bien que nous, paysans, qui sommes les principaux détenteurs de la propriété immobilière, avons autre chose à faire que de prendre part, voire même de simplement nous intéresser à ces luttes vaines et stériles, sans but et sans objet, auxquelles voudrait nous entraîner certaine presse que chacun devine et qu'il est inutile de nommer.

Cette ardeur combative, à laquelle on fait appel, sans répit et sans relâche, au bénéfice d'intérêts mal définis et de frivoles questions d'amour-propre, réservons-la tout entière à notre propre cause qui a tant besoin que nous marchions unis, pour avoir enfin raison de cette indifférence et de cet abandon que nous rencontrons toujours auprès des pouvoirs publics. Rejetons bien loin tout brandon de discorde qu'on voudrait allumer entre nous et qui ne peut servir qu'à paralyser nos moyens, à diminuer notre action.

Le Gouvernement, dans sa Déclaration du 15 juin dernier, nous dit solennellement qu'il *continuera à donner toute son attention aux questions qui intéressent l'agriculture.*

Que ce passe-partout vague et imprécis ressemble à tous ceux dont on nous berce et on nous berne à la fois depuis si longtemps ! La force de l'habitude est donc telle qu'avec les meilleures intentions, on ne puisse en arriver à une promesse ferme, nette et précise ?

Il continuera... ! Que devons-nous attendre de cette politique de continuation depuis qu'on nous promet, qu'on continue à nous promettre, et que nous ne voyons rien venir !

A donner toute son attention... ! Que cette promesse ressemble à cette formule administrative que chacun connaît, avec laquelle on écarte si facilement le solliciteur qui importune : vous pouvez compter sur ma bienveillante attention... Cette bienveillante attention n'est le plus souvent qu'un enterrement de première classe.

Aux questions qui intéressent l'Agriculture ! — Comme il s'agit bien de questions intéressant simplement l'agriculture, de questions secondaires et accessoires, lorsqu'il lui manque encore le principal : la justice et l'égalité devant les charges !

Pourquoi ne pas nous avoir tenu un langage catégorique, si l'on a réellement l'intention, comme enfin nous l'espérons, de faire droit à nos revendications séculaires ?

Il est vrai que depuis cette déclaration, M. Poincaré, Ministre des Finances, a été plus précis et nous a promis la réforme des quatre contributions directes. Mais, progressivement.

Progressivement ! Que voilà encore un mot qui sonne mal aux oreilles ! Progressivement, c'est-à-dire à des échéances indéfinies. Que d'années, que de législatures peut-être, allons-nous encore attendre ? Les Progressistes, eux aussi, avaient promis aux paysans des réformes progressives. Nous les attendons encore. Les Radicaux vont-ils suivre les mêmes errements ? La justice ne s'impose-t-elle donc que progressivement ?

Avec des réformes partielles et simplement progressives n'avons-nous pas à craindre des doubles emplois, des impôts qui se superposeront à d'autres au lieu de les remplacer, jusqu'au jour, peut-être éloigné, où la réforme sera enfin complète et définitive ?

Enfin les quatre contributions directes sont-elles les seules charges qui soient réparties inégalement et qu'il y ait lieu de remplacer par un impôt plus conforme à la justice et à l'équité ? N'y a-t-il pas encore bien d'autres taxes, telles que ces droits d'enregistrement qui frappent si onéreusement les transmissions immobilières et qui nuisent tant au crédit immobilier de la France.

Certes, nous ne faisons pas des rêves d'intellectuels, nous ne rêvons pas de cette cité nouvelle où chacun serait assuré du boire et du manger au prix de son indépendance. Pas plus que d'une individualité, nous ne voulons dépendre d'une collectivité. Nous ne réclamons notre mieux être que de notre liberté, de notre travail, et d'une législation juste et équitable.

Que les charges de l'Etat, comme aussi des départements et des communes, soient réparties entre la propriété mobilière et la propriété immobilière suivant l'importance de l'une et de l'autre.

Que la terre soit débarrassée et affranchie de ces entraves procédurières et fiscales qui paralysent désastreusement ses mouvements.

Qu'enfin cette terre qui est l'instrument de travail et de production par excellence, cesse, grâce à une nouvelle législation, d'être une sorte de paria de qui on se détourne à cause de ces charges et de ces entraves.

Voilà simplement ce que demandent les paysans, qui, aux Élections dernières, ont envoyé à la Chambre des Députés, une majorité Radicale.

F. H.

(Dépêche de l'Oise, Août-Septembre 1906.)

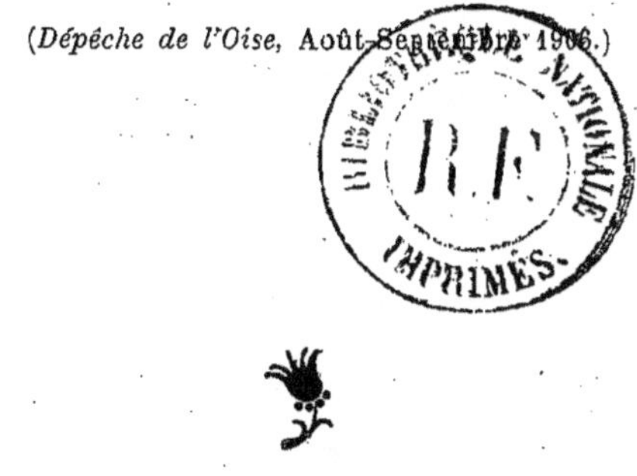

Compiègne. — Imprimerie Henry Lefebvre.

www.ingramcontent.com/pod-product-compliance
Lightning Source LLC
Chambersburg PA
CBHW071432030726
47594CB00006B/2699